CONFERÊNCIA NACIONAL DOS BISPOS DO BRASIL

Mensagem ao Povo de Deus sobre as Comunidades Eclesiais de Base

Direção-geral: *Flávia Reginatto*
Editora responsável: *Vera Ivanise Bombonatto*

4ª edição 2011

Nenhuma parte desta obra poderá ser reproduzida ou transmitida
por qualquer forma e/ou quaisquer meios (eletrônico ou mecânico,
incluindo fotocópia e gravação) ou arquivada em qualquer sistema ou
banco de dados sem permissão escrita da Editora. Direitos reservados.

Paulinas

Rua Dona Inácia Uchoa, 62
04110-020 – São Paulo – SP (Brasil)
Tel.: (11) 2125-3500
http://www.paulinas.org.br – editora@paulinas.com.br
Telemarketing e SAC: 0800-7010081

© Pia Sociedade Filhas de São Paulo – São Paulo, 2010

APRESENTAÇÃO

A sociedade contemporânea, cada vez mais globalizada, tornou-se ambiente propício ao anonimato das pessoas, perdidas dentro dos mecanismos das macro-organizações, das burocracias e da consequente uniformização de comportamentos. O processo de globalização aproximou os povos, mas criou também grande padronização nos modos de ser, pondo em risco as diferenças culturais.

Apesar dessa forte tendência à homogeneidade cultural, articula-se, lenta e intensamente, uma reação, no sentido de criar comunidades nas quais as pessoas se conheçam e sejam reconhecidas, podendo ser elas mesmas em suas biografias, dizer sua palavra, ser acolhidas e acolher, atendendo pelo nome próprio. Assim, vão surgindo grupos e pequenas comunidades por toda parte.

Nas cartas paulinas, aparecem diversas referências à igreja que se reúne nas casas (cf. 1Cor 16,19; Rm 16,5; Fl 2; Cl 4,15). Para esses primeiros cristãos, o lar com seu ambiente familiar era a igreja. A partir daqueles lares, surgiram ministérios e estruturas que moldariam a Igreja, através dos séculos.

As *Comunidades Eclesiais de Base (CEBs)* representam, hoje, a continuidade desse mesmo fenômeno, no seio da Igreja. Elas representam uma maneira de ser Igreja, de ser comunidade, de fraternidade, inspirada na mais legítima e antiga tradição eclesial. Teologicamente são, hoje, uma experiência eclesial amadurecida, uma ação do Espírito no horizonte das urgências de nosso tempo.

Nesta perspectiva, a *48ª Assembleia Geral da CNBB* quis contemplar as CEBs, acolhendo-as e acompanhando-as como quem procura discernir, no hoje da história, o que o Espírito diz à Igreja. Certamente, isso não nos dispensa, enquanto pastores, da diligência necessária para a busca de lucidez e de melhores caminhos, com todo o esforço de compreensão que deve instaurar-se no interior dessa contemplação teológica sobre o valor eclesial das CEBs.

Que Maria, mãe de Deus e da Igreja, abençoe todas as CEBs de nosso Brasil, para que elas floresçam ainda mais, em nossas paróquias e Igrejas Particulares, com sua riqueza carismática, educadora e evangelizadora (cf. DAp, nn. 99e, 178).

Brasília, 30 de maio de 2010.

Solenidade da Santíssima Trindade

Dom Dimas Lara Barbosa

Bispo Auxiliar do Rio de Janeiro

Secretário-Geral da CNBB

INTRODUÇÃO

"As Comunidades Eclesiais de Base", dizíamos em 1982, constituem, "em nosso país, uma realidade que expressa um dos traços mais dinâmicos da vida da Igreja [...]" (*Comunidades Eclesiais de Base na Igreja do Brasil*, CNBB, doc. 25, n. 1). Após a Conferência de Aparecida (2007) e o 12º Intereclesial (Porto Velho-2009), queremos oferecer a todos os nossos irmãos e irmãs uma mensagem de animação, embora breve, para a caminhada de nossas CEBs.

Queremos reafirmar que elas continuam sendo um "sinal da vitalidade da Igreja" (RM, n. 51). Os discípulos e as discípulas de Cristo nelas se reúnem para uma atenta escuta da Palavra de Deus, para a busca de relações mais fraternas, para celebrar os mistérios cristãos em sua vida e para assumir o compromisso de transformação da sociedade. Além disso, como afirma Medellín, as comunidades de base são "o primeiro e fundamental núcleo eclesial [...], célula inicial da estrutura eclesial e foco de evangelização e, atualmente, fator primordial da promoção humana" (DMd, n. 15).

Por isso, "Como pastores, atentos à vida da Igreja em nossa sociedade, queremos olhá-las com carinho, estar à sua escuta e tentar descobrir através de sua vida, tão intimamente ligada à história do povo no qual elas estão inseridas, o caminho que se abre diante delas para o futuro" (CNBB, doc. 25, n. 5).

OS DESAFIOS POSTOS ÀS CEBS HOJE: A SOCIABILIDADE BÁSICA NO CLIMA CULTURAL CONTEMPORÂNEO

Com as grandes mudanças que estão acontecendo no mundo inteiro e em nosso país, as CEBs enfrentam hoje novos desafios: em uma sociedade globalizada e urbanizada, como viver em comunidade? Nascidas num contexto ainda em grande parte rural, serão capazes de se adaptar aos centros urbanos, que têm um ritmo de vida diferente e são caracterizados por uma realidade plural? Dentro desse contexto, há outro desafio: como transmitir às novas gerações as experiências e valores das gerações anteriores, inclusive a fé e o modo de vivê-la? Só uma Igreja com diferentes jeitos de viver a mesma fé será capaz de dialogar relevantemente com a sociedade contemporânea.

O século XX foi, sem dúvida, o século da *globalização*. Suas consequências para a vida cotidiana são tantas que hoje se fala que o mundo vive não mais uma época de mudanças, mas "uma mudança de época, cujo nível mais profundo é o cultural" (DAp, n. 44). De fato, "a ciência e a técnica quando colocadas exclusivamente a serviço do mercado [...] criam uma nova visão da realidade" (DAp, n. 45), mas isso não significa um passo em direção ao desenvolvimento integral proposto pela encíclica *Populorum progressio* e reafirmado pelo Papa Bento XVI em *Caritas in Veritate*, porque a lógica do mercado corrói a estrutura de sociabilidade básica que se expressa nas relações de tipo comunitário. À medida que ele avança, expulsa as relações de cooperação e solidariedade e introduz relações de competição, nas quais o mais forte é quem leva vantagem.

Dessa forma, é preciso valorizar as experiências de sociabilidade básica: as relações fundadas na gratuidade que se expressa na dinâmica de oferecer--receber-retribuir. O cultivo da reciprocidade tem como espaço primeiro aquele onde a vizinhança territorial é importante para a vida cotidiana, como em áreas rurais, bairros de periferia e favelas. É a solidariedade entre vizinhos – melhor dizendo, entre vizinhas – que assegura o cuidado com crianças, idosos e doentes, por exemplo. Não por acaso, esses espaços periféricos favorecem o desenvolvimento de associações de vizinhança e movimentos que reivindicam melhorias de equipamento urbano, bem como das próprias Comunidades Eclesiais de Base (CEBs). São as relações de reciprocidade que, promovendo a solidariedade, que é a força dos pobres e pequenos, permitem que se diga que "gente simples, fazendo coisas pequenas, em lugares pouco importantes, consegue mudanças extraordinárias".

O PERCURSO HISTÓRICO
DAS CEBS NO BRASIL

A experiência das CEBs não surgiu de um planejamento prévio, mas de um impulso renovador, como um sopro do Espírito, já presente na Igreja no Brasil. Esse impulso renovador se manifesta de forma crescente nos anos 50 e 60 do século 20. Na verdade, os tempos se tornaram maduros para uma nova consciência histórica e eclesial: primeiro, pela emergência de um novo sujeito social na sociedade brasileira, o sujeito popular, que ansiava pela participação; segundo, pela emergência de um novo sujeito eclesial, portador de uma nova consciência na Igreja. Ele ansiava participar ativa e corresponsavelmente da vida e da missão da Igreja. Esse sujeito provoca novas descobertas e conversões pastorais (CNBB, doc. 25, n. 7).

Nelas se revigoravam ou restauravam as relações de reciprocidade, de modo a favorecer a reconstrução das estruturas da vida cotidiana, do mundo da vida, em um contexto social adverso. A interação entre a CEB, enquanto organismo eclesial, e a comunidade local de vizinhos é uma das grandes contribuições da Igreja à conquista dos direitos de cidadania em nosso país. Ao acolher pastoralmente a população rural ou migrante em capelas e salões improvisados nos quais elas se sentissem "em casa", a Igreja lhes ofereceu uma possibilidade de organizar-se autonomamente, quando as empresas e os poderes públicos só viam nela o potencial de mão de obra a ser empregada no processo de industrialização.

A EXPERIÊNCIA DOS INTERECLESIAIS

Os Encontros Intereclesiais das CEBs são patrimônio teológico e pastoral da Igreja no Brasil. Desde a realização do primeiro, em 1975 (Vitória – ES), reúnem diversas dioceses para troca de experiência e reflexão teológica e pastoral acerca da caminhada das CEBs. Foram doze encontros nacionais, diversos encontros de preparação em várias instâncias (paróquias, dioceses, regionais) e, desde a realização do 8º Intereclesial ocorrido em Santa Maria – RS (1992), são realizados seminários de preparação e aprofundamento dos temas ligados ao encontro.

Manifestação visível da eclesialidade das CEBs, os Encontros Intereclesiais congregam bispos, religiosos e religiosas, presbíteros, assessores e assessoras, animadores e animadoras de comunidades, bem como convidados de outras Igrejas cristãs e tradições religiosas. Neles se expressa a comunhão entre os fiéis e seus pastores.

ESPIRITUALIDADE E VIVÊNCIA EUCARÍSTICA

"O Concílio Vaticano II, eminentemente pastoral, provocou um grande impacto na Igreja. Suas grandes ideias-chaves trouxeram a fundamentação teológica para a intuição, já sentida na prática, de que a renovação pastoral deve se fazer a partir da renovação da vida comunitária e de que a comunidade deve se tornar instrumento de evangelização" (CNBB, doc. 25, n. 11).

A exigência do Vaticano II é de razão estritamente teológica, de ordem trinitária. A essência íntima de Deus não é a solidão, mas a comunhão de três divinas Pessoas. A comunhão – *koinonia, communi*o – constitui a realidade e a categoria fundamental que permeiam todos os seres e que melhor traduz a presença do Deus- -Trindade no mundo. É a comunhão que faz a Igreja ser "comunidade de fiéis". Por isso, o Vaticano II faz derivar a união do Povo de Deus da unidade que vigora entre as três divinas Pessoas (cf. LG, n. 4).

A Trindade nos coloca, desde o início, no coração do mistério de comunhão. O Papa João Paulo II, falando aos bispos em Puebla, em 28 de janeiro de 1979, proclamou: "Nosso Deus em seu mistério mais íntimo não é uma solidão, mas uma família [...], e a essência da família é o amor". A comunhão e a comunidade devem estar presentes em todas as manifestações humanas e em todas as concretizações eclesiais.

Por isso mesmo, a Eucaristia está no centro da vida de nossas comunidades de base. É o sacramento que expressa comunhão e participação de todos e todas, como numa grande família, ao redor da Mesa do Pai. Há comunidades que recebem a comunhão eucarística graças à presença do Santíssimo no local ou pelo serviço de um ministro extraordinário da sagrada comunhão. Como nossas CEBs, em sua maioria, "não têm oportunidade de participar da Eucaristia dominical", por falta de ministros ordenados, "elas podem alimentar seu já admirável espírito missionário participando da 'celebração dominical da Palavra', que faz presente o mistério pascal no amor que congrega (cf. 1 Jo 3,14), na Palavra acolhida (cf. Jo 5,24-25) e na oração comunitária (cf. Mt 18,20)" (DAp, n. 253).

A realidade das CEBs se expressa na liturgia e também na diaconia e na profecia. A diaconia educa, cura as feridas, multiplica e distribui o pão e chama para a solidariedade e a comunhão. A profecia anuncia o desígnio de Deus e denuncia os abusos, a mentira, a injustiça, a exploração e exige a conversão. Por isso, sofre perseguição, difamação, morte.

Temos duas testemunhas recentes desse duplo ministério dos discípulos e discípulas de Jesus Cristo: Dra. Zilda Arns e Irmã Dorothy Stang. Há muito conhecidas por nossas comunidades pobres pelo Brasil afora, elas inspiraram a ação das CEBs. Elas entregaram a vida e nos deixaram seu testemunho de fé e amor aos pobres, fracos, desamparados e discriminados.

Essa espiritualidade também possibilitou a produção de uma rica manifestação artística em nossas comunidades – músicas, poesias, pinturas, símbolos, típicos da prática religiosa e cultural de nosso povo, e que também são instrumentos de evangelização e de missão.

VIVÊNCIA E ANÚNCIO DA PALAVRA DE DEUS E O TESTEMUNHO DE FÉ

"A Palavra se fez carne e habitou entre nós" (Jo 1,14). A acolhida da Palavra de Deus e a vivência comunitária da fé são indissociáveis nas CEBs. A Bíblia faz parte do dia a dia da comunidade, estando presente nos grupos e pastorais, nas liturgias e na formação, na reza e nas ações que visam superar as desigualdades e injustiças da sociedade brasileira.

São espaços privilegiados de leitura bíblica nas CEBs os círculos bíblicos e grupos de reflexão. Neles o povo se coloca como sujeito eclesial, assume seu lugar na comunidade e na sociedade. O protagonismo dos leigos nas CEBs é expressão viva de uma Igreja que se renova animada pelo Espírito Santo, é também um sinal de que no discipulado estão surgindo novos ministérios e serviços.

"O ministério da Palavra exige o ministério da catequese a todos porque 'fortalece a conversão inicial e permite que os discípulos missionários possam perseverar na vida cristã e na missão em meio ao mundo que os desafia'" (CNBB, DGAE, n. 64; DAp, n. 278c). A vida em comunidade já é uma forma de catequese. Ela predispõe para o aprofundamento da fé e da vida cristã por meio do ministério da catequese e também pelo testemunho fraterno de seus membros.

SOLIDARIEDADE E SERVIÇO

Alimentadas pela Palavra de Deus e pela vivência de comunhão, as CEBs promovem solidariedade e serviço. Reunindo pessoas humildes, as CEBs ajudam a Igreja a estar mais comprometida com a vida e o sofrimento dos pobres, como fez Jesus. Elas manifestam, mais claramente, que "o serviço dos pobres é medida privilegiada, embora não exclusiva, do seguimento de Cristo" (DPb, n. 1145).

Mais ainda, o surgimento das CEBs, junto com o compromisso com os mais necessitados, ajudou a Igreja a "descobrir o potencial evangelizador dos pobres", primeiro, porque interpelam a Igreja, chamando-a à conversão; segundo, porque "realizam em sua vida os valores evangélicos da solidariedade, serviço, simplicidade e disponibilidade para acolher o dom de Deus" (DPb, n. 1147). As vocações religiosas e sacerdotais despertadas pelas CEBs sinalizam vitalidade espiritual, comunhão eclesial e um novo estímulo de consagração a Deus.

A FORMAÇÃO DOS DISCÍPULOS MISSIONÁRIOS

Na sua experiência já amadurecida, as CEBs querem ser Igreja como o Concílio Vaticano II desejou: uma Igreja toda ministerial a serviço do Reino de Deus. A formação do discípulo missionário começa dentro delas pela experiência de um encontro feliz e alegre com a pessoa de Jesus, sua vida e seu destino. Como Jesus convocou discípulos e discípulas para estarem com ele, do mesmo modo, ele convoca também hoje discípulos e discípulas para estarem com ele e dele aprenderem o amor ao Pai, a fidelidade ao Espírito e o compromisso para a transformação do mundo em mundo de irmãos e irmãs.

Por sua capacidade de cuidar da formação da própria comunidade e de olhar, com compaixão, a realidade, as CEBs podem e devem ser cada vez mais escolas que ajudem "a formar cristãos comprometidos com sua fé; discípulos e missionários do Senhor, como o testemunha a entrega generosa, até derramar o sangue, de muitos de seus membros" (DAp, n. 178).

A PARTICIPAÇÃO NOS MOVIMENTOS SOCIAIS, DE CIDADANIA, DE DEFESA DO MEIO AMBIENTE, EM VISTA DA CONSTRUÇÃO DO REINO DE DEUS

No que diz respeito à relação das CEBs com a dimensão sociopolítica da evangelização, o Sínodo sobre *A Justiça no Mundo*, de 1971, já tinha afirmado que "a ação pela justiça e a participação na transformação do mundo nos aparecem claramente como uma dimensão constitutiva da pregação do Evangelho, isto é, da missão da Igreja pela redenção do gênero humano e a libertação de toda situação de opressão" (*introd.*). Em vista disso, a Igreja no Brasil exorta as CEBs e demais comunidades eclesiais a se manterem fiéis à própria fé, no conteúdo e nos métodos, na busca da libertação plena, superando a tentação "de reduzir a missão da Igreja às dimensões de um projeto puramente temporal" (CNBB, doc. 25, nn. 64ss; Cf. EN, n. 32).

Em relação à aproximação das CEBs com os movimentos populares na luta pela justiça, o documento 25 da CNBB afirmava que elas "não podem arrogar-se o monopólio do Reino de Deus". Na verdade, a CEB deve tomar consciência de que, "como Igreja, é sinal e instrumento do Reino, é aquela pequena porção do povo de Deus em que a Palavra de Deus é acolhida e celebrada nos sacramentos [...], sobretudo na Eucaristia" (nn. 70ss). As CEBs buscam, sim, a "colaboração fraterna com pessoas e grupos que lutam pelos mesmos valores" (n. 73).

As CEBs têm despertado em muitos dos seus membros a espiritualidade do cuidado para com a vida dos seres humanos, de todas as formas de vida e a vida do Planeta Terra. A espiritualidade do cuidado tem motivado o surgimento de gestos e atitudes éticas de respeito, de veneração, de ternura, de cooperação solidária, de parceria, que promovam a inclusão de todos e de tudo no mistério da vida.

As CEBs promovem a participação ativa de seus membros nos grupos de economia popular solidária, resgatando o sentido originário da economia como a atividade destinada a garantir a base material da vida pessoal, familiar, social e espiritual. Contribui assim para que o trabalho humano, além de ser o lugar de edificação da dignidade humana e promoção da justiça social, seja também responsável pela promoção do desenvolvimento sustentável.

ESPÍRITO DE ABERTURA ECUMÊNICA E DIÁLOGO INTER-RELIGIOSO

Uma das dimensões da espiritualidade cultivadas pelas CEBs é a do diálogo ecumênico e inter-religioso, que se dá pela abertura ao mundo do outro, promovendo a unidade na diversidade e buscando as semelhanças na diferença. Esta espiritualidade dialogal tem sido assumida pelas CEBs como uma missão de fraternidade cristã, em uma atitude de profundo respeito às demais manifestações religiosas, em busca da comunhão universal. Essa espiritualidade nasce do desejo expresso por Jesus: "Que todos sejam um!" (Jo 17,21)

FORMAÇÃO DE REDE DE COMUNIDADES

Os membros das CEBs são discípulos de Cristo e ajudam a formar outras comunidades. Em meio a grandes extensões geográficas e populacionais, a comunidade eclesial de base requer que as relações sejam de fraternidade, partilha de vida, de bens e da própria experiência de fé. Ela deve provocar um encontro permanente com a Palavra de Deus e celebrar na liturgia, na alegria e na festa, a salvação que Jesus Cristo nos trouxe.

A experiência da fé e da participação faz amadurecer a comunidade eclesial de base, e lhe confere características próprias de modo a levá-la a um relacionamento fraterno de igualdade com as demais comunidades pertencentes à mesma paróquia. Com isso, a matriz-paroquial ganha maior relevância pastoral na medida em que passa a exercer a função de articuladora das comunidades.

Exortamos que a paróquia procure se transformar em "rede de comunidades e grupos, capazes de se articular conseguindo que seus membros se sintam realmente discípulos missionários de Jesus Cristo em comunhão" (DAp, n. 172), tendo por modelo as primeiras comunidades cristãs retratadas nos Atos dos Apóstolos (At 2 e 4). Assim, a paróquia será mais viva, junto com suas comunidades, coordenadas por leigos ou leigas, por diáconos permanentes, animadas por religiosos e religiosas, e que tenham no Conselho Pastoral Paroquial, presidido pelo pároco, seu principal articulador pastoral.

CONCLUSÃO

Em comunhão com outras células vivas da Igreja, comunidades de discípulos e discípulas geradas pelo encontro com Jesus Cristo, Palavra feito carne (cf. Jo 1,14), como são os movimentos, as novas comunidades, as pequenas comunidades, que integram a rede de comunidades que a paróquia é chamada a ser, reafirmamos aqui o que está escrito no Documento 25 da CNBB: "Ao concluir estas reflexões, desejamos agradecer a Deus pelo dom que as CEBs são para a vida da Igreja no Brasil, pela união existente entre os nossos irmãos e seus pastores, e pela esperança de que este novo modo de ser Igreja vá se tornando sempre mais fermento de renovação em nossa sociedade" (n. 94).

Brasília-DF, 12 de maio de 2010.

Dom Geraldo Lyrio Rocha
Arcebispo de Mariana
Presidente da CNBB

Dom Luiz Soares Vieira
Arcebispo de Manaus
Vice-Presidente da CNBB

Dom Dimas Lara Barbosa
Bispo Auxiliar do Rio de Janeiro
Secretário-Geral da CNBB

SUMÁRIO

Apresentação 3

Introdução.. 6

Os desafios postos às CEBs hoje: a sociabilidade
básica no clima cultural contemporâneo 7

O percurso histórico das CEBs no Brasil 9

A experiência dos Intereclesiais 11

Espiritualidade e vivência eucarística........................... 12

Vivência e anúncio da Palavra de Deus
e o testemunho de fé... 15

Solidariedade e serviço... 16

A formação dos discípulos missionários 17

A participação nos movimentos sociais,
de cidadania, de defesa do meio ambiente,
em vista da construção do Reino de Deus..................... 18

Espírito de abertura ecumênica e
diálogo inter-religioso 20

Formação de rede de comunidades................................. 21

Conclusão 23

Impresso na gráfica da
Pia Sociedade Filhas de São Paulo
Via Raposo Tavares, km 19,145
05577-300 - São Paulo, SP - Brasil - 2011